울보 나무

리토피아포에지·169
울보 나무
인쇄 2025. 8. 25 발행 2025. 8. 30
지은이 김국현 펴낸이 정기옥
펴낸곳 리토피아
출판등록 2006. 6. 15. 제2006-12호
주소 21315 인천광역시 부평구 평천로255번길 13, 부평테크노파크M2 903호
전화 032-883-5356 전송 032-891-5356
홈페이지 www.litopia21.com 전자우편 litopia999@naver.com

ISBN-978-89-6412-210-5 03810

값 12,000원

* 재)홍천문화재단의 후원으로 이 책을 출판합니다.
* 이 책의 판권은 지은이와 리토피아에 있습니다.
* 잘못 만들어진 책은 바꿔 드립니다.

김국현 시집

울보 나무

시인의 말

시 공부는 쉽지 않다.
첫 시집보다 나은 것이 없는 것 같다.
그럼에도 불구하고 안원찬 시인님께서 언어의 조탁이
무엇인지 가르쳐 주셨다.
은사님께 감사하다.

나이 들수록 여성 호르몬이 많이 분비되어서 그런가
눈물이 많다.

요즘엔 모든 것이 눈물이다.
시도 눈물이다.

2025년 8월
김국현

차례

제1부 사랑하는 이를 만났을 때의 눈물

눈물·1	15
눈물·2	16
푸르름을 향하여	17
너를 위하여	18
연애	19
길	20
골방	21
벽에 기대어	22
뇌병변 장애 아이를 보며	23
심는다	24
꽃길	25
팬지	26
서향 꽃	27
삼지닥나무꽃	28
동백꽃	29
명자나무꽃	30
울보 나무·1 - 목련	31
울보 나무·2	32
울보 나무·3	34
울보 나무·4	35
크로커스	36
입맞춤	37

섬김	38
희망	39
가지치기	40
부활절 찬양	41
희생	42

제2부 추웠을 때의 눈물

울보 나무·5	45
삶이 시詩가 될 수 있다면	46
아픔을 함께하며	47
암을 치유하고 있는 친구에게	48
돌	49
우정과의 이별	50
문득	52
삶, 꿈인지 생시인지	53
슬픈 어버이날	54
고프다	55
회개하고	56
경고	57
나의 시詩	58
시詩	59
아픈 시詩	60

기후 위기	61
태풍의 시절	62
잊는다는 건	63
상념	64
한파주의보	65
한파 중에	66
습관처럼 트리를	67
떠나가기 위한 기도	68
꽃샘추위	69
그래도 좋다	70

제3부 따뜻했을 때의 눈물

감사	73
고맙다	74
강원의 산山	75
오십이 넘어	76
가령폭포	77
소풍	78
가을 휴식	79
백 년의 반토막	80
여유	81
추억 정리	82

정초에	84
영감靈感	85
역지사지	86
눈이 네 개	87
돈키호테 되어	88
물, 호흡	89

해설 | 남태식 지천명에 다시 부르는 사랑과 연민과
　　감사의 노래 − 김국현의 시세계　　　　91

| 제1부 |

사랑하는 이를 만났을 때의 눈물

눈물 · 1

나를 토해 낸다

눈물 · 2

나를 토해 낸다

꽃을 피웠다

푸르름을 향하여

바람이 이끌고 있다
갈증을,
사랑에 대한
아직 흘리지 않은 열정이 아쉬워
부는 바람, 바람, 바람
소원하는 바

꽃이 핀다

너를 위하여

봄을 기다리는,
따스한 햇살 되면 좋겠다

추위에 떠는,
따뜻한 커피 한 잔 되면 좋겠다

허기진,
뜨듯한 국밥 한 그릇 되면 좋겠다

타고난 시력,
알맞은 안경 되면 좋겠다

누군가를 기다리는,
말동무 되면 좋겠다

고달픈,
안식처 되면 좋겠다

연애

샛별을 좇는다
오늘도 내일도
내 첫사랑은 새벽별이었다

모든 것이 새로워진 공기, 호흡이다
외로이 걷는 길에서도 꿈을 꾼다

정상적으로 미쳐 있다

사랑하지 않는다면
오직 사랑에 이끌려 간다

새벽별을 사랑하는 이가,
오늘도 골방에서 새벽을 맞이한
골방은 사랑이 가득하다

별이 쏟아진다
별이 연애하며
오늘도 샛별을 좇는다

길

아무도 알아주지 않는
사랑에 **빠져** 달려가는 길
그 사랑에 이끌려 홀로 걷는 길
길을 걷다 꽃을 만나고 나비를 만나고 때론,
길고양이를 만나 대화를 나누는
절대자의 위로가 이끄는,
절대자 없이는 갈 수 없는,
빠지면 빠질수록
좋은 생명의 길

골방

절대자와의 연애 장소

그의 음성이 보이는

샘물이 솟아나는 광야

삶의 출발점 되는 곳

여기서 물결치는 바다를 낚는

어부

벽에 기대어

눈보라 치던 어느 날
초가집 처마에 기대어 있던 때
어머니의 품 같은 포근함을 느꼈지
방패처럼
날 꼭 안아주었지

참 안식,
네게 기댄다

뇌병변 장애 아이를 보며

세상에는 갖가지 모양의 꽃이 있지
그대는 꽃 중의 꽃
손 쓰는 것도 힘들고
걷는 것도 어렵고
말하는 것이 하나의 사치일지라도
아름다운 꽃 중에 하나

'천사들의 합창'

어린 아기로 태어나
어린 아기로 성장한
어린 아기이어도
아름다운 꽃 중에 꽃

심는다

삶에 장미나무를 심는다

나처럼 삶에 서툴지 않을 나무

때가 되면 뜨겁고 붉게 타오를 네가

서툴지라도

온전히 자신을 피워낼 불꽃 심는다

꽃길

'꽃길만 걸으세요'
누군가 축복해주었지

오늘 햇볕 좋은 봄날
오랜 친구와
두런두런 담소 나누며
꽃길 걸었지

봄을 즐기러 나온 많은 사람들 속에서
두런두런 웃음길 걸었지
햇살 위를 걸었지

팬지

몇 해의 봄이 내게 남아 있을까

몇 해의 봄에 널 맞이할 수 있을까

아끼고 싶은 나의 봄날은 사색에 빠지고

너와 걸었던 꽃길의 추억은 아직 서늘한 봄인데

얼마나 남았을까 나의 봄은
꽃길을 걸으며 깊게 추억 즐기고 싶은

얼마나 남았을까
나의 봄

서향* 꽃

당신을 닮고 싶습니다

이 천년 전 십자가에 피어오른 향기 지금 진동합니다
주님! 당신은 꿈속의 사랑입니다
불멸의 사랑입니다
당신의 명예가 향기로워
이 천년 지나 내게 취할 것만 같습니다

내게 피어나소서
님의 향기 천리에 전하고 싶습니다

* 천리향.

삼지닥나무꽃

오늘은 햇살 아래 봄맞이 청소를 해야겠습니다
겨우내 쌓인 먼지를 털어내고 마음속 깊은 곳에 쌓인 원망,
덩어리를 씻어내야겠습니다

몇 년 동안 제멋대로 자라난 가지를 잘라내야겠습니다

환한 모습 맞이하기 위해 목욕도 하고 싶습니다

매운 겨우내 기다렸던 당신을 노란 미소로 맞이하겠습니다

어서 오십시오

동백꽃

심장이 나무에 피었습니다

찬 서리는 뜨거운 피의 친구입니다

당신을
그 누구보다도 사랑합니다
피가 뚝뚝 피어나도록

당신의 기억
심장에 피었습니다

모든 것을 두고 간 동무는 내 곁에 없지만
그대를 향한 내 심장은 찬 서릿발에 붉게 피었습니다

명자나무꽃

환하게 봄을 밝히는 등불
장미와 친구시군요

봄을 몰고 오는 당신의 모습에
가슴이 온통 붉게 물듭니다

과하지 않은 겸손함이,
시골 처녀의 순박함이,
총각의 마음을 흔들어 줍니다

변덕스러운 봄 날씨가
당신을 보고 배워야 합니다
신뢰가 무엇인지를

크로커스

온몸에 봄을 담고 있군요

진정으로 당신은 후회 없는 청춘입니다

내 평생 기다려도 아깝지 않을 눈부신 당신은 겨울을 밀어냅니다

어떤 근심 걱정도 없습니다
당신과 함께라면

언제나 봄이 되어
내 곁에 있어 주세요

나는 당신이란 봄에 놀랍니다

울보 나무 · 1
―목련

담 너머
한 그루 마음에 불 밝히고 맞이하는
그녀, 나를 부끄럽게 합니다

수줍은 마음으로 쭈뼛거리며
당신의 집을 훔쳐보면
들키고 마는 십육 세입니다

목련은 화살로 내 심장에 박혀
오십 중반에 왔습니다

봄이면 등불을 훔쳐보며
십육 세에 멈춰선 오십 중반의 울보
하염없이 꺼이꺼이 웁니다

울보 나무 · 2

한쪽 팔에 우산을 걸고
바람 따라 걷는 길
작고 누런 잎들이
수다 떨며 떨어진다

눈물 대신 비가 내리면
나뭇잎은 세상의 슬픔
조용히 안아준다
울보 나무, 그 이름처럼
모두의 상처를 품고
여기 서 있다

가끔은 조용히 소리 내어
바람에 속삭인다
"너의 아픔도 내 아픔이야
세상이 힘들다면
함께 울어 줄게"

길을 지나치는 사람들
눈을 감고 느끼는 순간
연결된 우리 모두의 마음

울보 나무는 오늘
사랑과 그리움, 슬픔을
둥글게 감싸 안고
서로를 잇는 다리가 된다

가슴속 깊이마다
연민이 흐르고
세상을 공감하며

울보 나무 · 3

가을바람, 속삭이는 그늘 아래
내 곁에 서 있는,
잎새마다 담긴 눈물방울
시린 바람에 흩날리네

어린 날의 맹세처럼
꿈을 안고 자란 그 모습
한때는 높이 날고 싶었으나
이제는 그저 고개 숙인 채

사랑한 만큼 아픈 기억들
그 떨리는 가지에서 흘러
흙과 하늘, 또 그리움

너와 나의 이야기

시린 바람이 불면
내 마음속 또 다른 나무
너와 함께 울음 나누며
오랜 희망의 씨앗 심으리

울보 나무 · 4

울고 있는 나무를 달이 보고 웁니다
밤은 나무와 함께 웁니다

그대 그대로 있어요, 멀리
그곳에서 행복하면 난 행복합니다
그대를 만지지 못해도
그대를 품지 못해도
당신이 행복하다면 그대로가 좋아요
그곳에서 꽃에 물 주고
사랑하는 사람들과 웃고 떠들며 행복하다면
난 행복합니다

입맞춤

입맞춤은 나를 눈 뜨게 해요
푸르고 높은 하늘을 바라보게 하구요
새벽별 따라 사랑하게 해요

하여, 입맞춤으로 나의 삶은 변했고요
당신만이 생의 의미가 되었어요

기쁘나 슬프나 힘이 되어요
오직 당신의 입맞춤만이

섬김

세상의 모든 것들은
섬기는 자다

물, 공기, 땅, 해,
말없이 자기 역할 하며
거기 있는 자다
제자들의 발을 씻어주신 주님처럼
나의 발을 씻고 있다

살아 숨 쉬는 한
묵묵히 나무 되어
누군가의 그늘 되고 싶다

희망

11월 11일 11시
9회 말 투아웃
어둠 그리고 촛불
숨은 끊어지지 않았다

끝났으나 끝난 게 아니다

십자가 후에 부활

가지치기

이발을 한다
다도 하듯 정갈한 마음으로

이리 삐죽 저리 삐죽
자유분방하게 자란 마음
주님의 말씀으로 정돈한다

정신없는 정원을 보면
손가락질하며 비웃을 것이다

새싹 나기 전
단장된 영혼의 정원으로

부활절 찬양

연둣빛 생명의 불 밝혀
산과 들에 팡파르 울려 퍼진다

개나리, 벚꽃, 진달래, 조팝나무꽃
아름다운 찬양이 마음 밝히는 봄

영혼에 생명 주는 빛
부활을 노래하는
신앙심 좋은 꽃

희생

나무여
그대로 있음에 고맙습니다
자신의 본분을 다하는 그대로
거기 있음이 희생입니다

| 제2부 |
추웠을 때의 눈물

울보 나무 · 5

가슴에 눈이 달린 나무

손수레보다 세 배나 큰 폐휴지를 이고 가는 노인을 보며
운다

나이테가 하나 더 늘어날수록,

삶이 시詩가 될 수 있다면

시가 가슴을 찌른다
힘겹게 넘긴 여름처럼,

살지 못함을 자책하며
시를 읽는다
소망을 붙잡고 몸부림치는 친구의
치열한 태도처럼,

아픔을 함께하며

네게로 가는 길에 뙁벌에 쏘였다
친구의 아픔에 함께한다

항상 열심히 살던,
다재다능하던,
삶에 진지하던,
나의 재능을 항상 칭찬하며 격려하던,
나의 친구여

친구의 고통을 조금이라도 느끼라고,
함께 울라고,
며칠 걷지 못할 정도의 아픔을 주셨나 보다

그래 우리는 아픔을 나누는 신앙인이지
하늘 아버지의 품이 더 따뜻한 신앙인,
함께 주님을 바라보네

그래, 우리는 신앙인이지

암을 치유하고 있는 친구에게

공원 의자엔
긴 장맛비가 내리고 있네
그 의자는
비가 오든 어쨌든
쉼을 찾는 이를 기다리지
이제 자네가
그 빈 의자에 앉을 차례인가 보네
앞을 향해 열심히 달려가던 자네에게
잠시 쉬라고
그 빈 의자가 자네 곁에 있나 보네
잠시 숨을 고르고
다시 함께 꿈을 향하여 달려가세

돌

자네의 한마디가 가슴에 박히네
'삶, 참 짧다'

돌이었으면
태어나 여전히 있는 돌
돌탑을 쌓아 기도하는 이유도 그것일까
돌처럼 오래 여전히 있고 싶은 마음일까

신神께서 우리에게 주신 시간을 다 쓰고
사라지는 돌,
물처럼 흐르고

그렇네,
영혼은 불멸
신의 품으로 가는 돌

자네는 돌이네
영원한 돌

우정과의 이별

안개 속 사라지는 뒷모습을 보며
이별의 속상함에 눈물짓는다
항상 곁에 있던 다정한 친구
시간 너머로 사라진 친구

우리는 시간과 이별하며 살지만
다가올 영원을 소망하며
슬픔을 극복하지

너를 바다에 묻고 돌아온 밤
희망은 바다에 묻히지 않았다
우리는 믿음 안에 있기 때문이지

다만 아쉬운 것은
이생에서 기쁨과 슬픔 함께할 수 없다는 거
이제 시월도 낙엽과 함께 사라질 테지만,

우리의 믿음 안에서

다시 만날 것을 기약하며
추억의 사진을
추도비처럼 서재에 세워 놓겠다
나도 너에게 갈 때까지

문득

잿빛 하늘에서 전화가 온다
후두둑 후두둑 벨이 울린다
친구야, 잘 지내지
글은 잘 쓰고 있니
너의 글을 읽고 싶구나
안부를 물으며 새가 날아간다

가슴으로 내리는 비 눈물일까요

밖에 보이는 너의 목소리는
허공에 가득한,

허전한 커피 향이 눈을 찌르는데

너의 전화는 잿빛 안개비
하늘에 가득한

삶, 꿈인지 생시인지

하늘에 점 하나 찍어 놓고

세월은 가는 거지

그 점 하나 꿈이란 걸

슬픈 어버이날

한낮에 뜨는 별들이 피고 지는
오월이 되면 산속의 철쭉들이
부모님을 떠올리게 합니다

철없던 시절
못다 한 효도가
이젠 한으로 가슴에 못 박혔습니다

마음에 흐르는 눈물
저수지 되어
오월 팔일을 보냅니다
드릴 수 없는 카네이션
눈물입니다

고프다

잠이 오지 않아
한 편의 시를 엮는다
한 줄기 빛이 어둠을 뚫고

풍랑 속에 포기한 삶
시 속에 하나님의 음성을 듣는다
질긴 소망의 말씀
내 코에 생기를 불어넣는다

작은 개구리가 방에 들어왔다
더 작은 하루살이를 먹으러

나는 작은 개구리
시를 먹고 싶다
질긴 소망의 시
내 코에 생기를 불어 넣을

나는 우주만큼 고프다

회개하고

폭염
엿가락처럼 늘어지는 몸뚱이
침대와 혼연일치
왜 부지런히 잃어버린 양을 찾아 나서지 않는가
선한 목자가 되고픈데
이율배반적인 생활

아침엔
앞마당 제초 작업부터 해야 하겠다

경고

노란불이 깜박입니다

조심히 가라고 합니다
식이섬유를 많이 먹고요
건강을 위해서 단백질을 챙겨 드세요
천천히 씹으시고요
아침은 부자처럼 저녁은 거지처럼
운동은 식사 후 열심히 하구요
중심에 달달한 오줌이 나와요
이제 조심조심 살아야 합니다
아직 노년은 아닌데요
먼저 갈 수도 있습니다
천천히 돌아보세요

빨간불이 깜박입니다

나의 시詩

빈 마음을 형광등이 채우고 있습니다
나의 시는 백지입니다

나의 시는 천둥도 없고
태양도 없고 꽃도 없습니다
있다면 점 하나입니다

하얀 종이 위에 조명만이 비추는 시

시詩

또 똥 쌌구나

그래, 잘 싸야지

아픈 시詩

달이 아프게 비춘다
그래서 청년 때 시詩를 멈췄다

다시 시詩가 눈물을 마신다
형광등 빛 아프다

어느덧
지천명이다.

기후 위기

격투기 선수처럼 내리꽂는 비에
만신창이 된 도심

두드려 맞은 멍 자국
뉴스로 본다

난,
헉헉대며 밤새 돌아가는 선풍기로 폭염 이기는 가난뱅이

이것은 분명 신神이 노한 것이 아니고
인류의 똥이다

태풍의 시절

 텔레비 속의 무서운 기세로 올라오는 태풍은 지금 창밖에 비를 뿌리고 있어. 끓어오르는 분노의 질주로 오키나와를 거쳐 부산을 덮쳐 오고 있어. 나도 한때는 혈기 왕성했지 질풍노도의 시기도 있었지 이리 뛰고 저리 뛰는 야생마 시절도 있었지

　분노한 지구가 화를 터트려야 건강을 유지하지
　자연의 위력 앞에 피하는 게 상책이야
　다행히도 딸은 벌써 중3 태풍을 지났어
　하지만, 조심하는 게 상책이야

이제 비가 더 오고 바람도 더 거세질 거야

잊는다는 건

잊는다는 건
바람인가 봐
안개 속으로 사라져 가는 기억들
선물일지도 몰라

시간을 빨아들이는 블랙홀

가을에 눈물 한 방울의 추억
햇살, 커피와 산책하는 기억들

사진을 찍지만
그것은 낙엽,
흘러가는 시냇물

한가위 선물 같은 달 밝네

잊기 싫어

상념

잠자리에 들기 위해 불을 끄니
상념이 불을 켜네요

어두운 밤이 맛있나

올해는 밤맛을 제대로 못 봤네요
흉년인가
누군가가 밤과자를 잔뜩 줘서
고맙게도 먹었던 기억이 나요
겨울엔 군밤도 별미지요
밤이 숙면을 위한 것만은 아니에요
어둠이 밤맛을 불러왔어요
겨울이 추울수록 따뜻한 그녀 생각나요
밤이 밤을 구워요
밤이 추억을 구워요

한파주의보

혹한은 칼날로 위협합니다
창이 쨍쨍 갈라집니다
가난한 내게 노란딱지를 붙였습니다

반복적으로 오는 시련
신앙으로 이겨냅니다

신神은 전기장판입니다
이불입니다
지혜는 그에게 피하는 것이죠

한파는
방패 위에서 노려보고 있습니다

한파 중에

혹독한 한파가 몰아친 밤
열병에 경기하며 쓰러진 어린아이
응급실을 달려간 아버지

폭풍우 속을 뚫고 배달일을 하면서
학비를 벌며 고생하던 젊은 날
수많은 난관을 극복하던 자양분이
아버지의 사랑입니다

영혼에 새겨진 그 사랑이
나를 지탱합니다

습관처럼 트리를

 달빛에 반짝이는 주목 나무의 눈꽃처럼 네 영혼에 새겨지는 빛이 될 수 없을까 십자가의 핏빛이 영혼에 자유를 안겨주는, 그것을 가리키는 화살표가 되고 싶어 지난 대강절에 크리스마스 장식을 예쁘게 수 놓았다 매서운 추위를 따뜻하게 녹이는 성탄 빛을 보고도 사랑하지 못했다 가난하고 소외된 자들을 위해 그분이 오셨지만 춥디추운 겨울을 벌거벗고 다녔다 성탄 트리를 접으며 사랑하란 말씀도 창고에 가둔다

 다시 올겨울에
 습관처럼 그 빛, 새겨놓을 것이다

떠나가기 위한 기도

꿈처럼
조팝꽃 터지는 시절이 오면
나도 따라 웃으리라
한세월 잘 살았노라고

겨울 동안
이웃들과 따뜻했다고

꽃샘추위

제 자리 빼앗는 봄이 미워 눈꽃바람 뿌리는 앙탈

세월이 봄 편드니 신경질 부리는

푸릇푸릇 돋아나는 들판이 못마땅한

벌레, 개구리, 뱀, 까불지 말라고

가는 길 아쉬워 뒤돌아보는

계집애

그래도 좋다

눈 감으면 빙글뱅글 돌고
온몸 힘이 없고
베개가 머리채를 잡아당기고

봄맞이 몸살이라도 좋다
하여간 좋다
살아있는 게 좋다

| 제3부 |
따뜻했을 때의 눈물

감사

아침에 일어나니
저 너머 행복이 부르는군요
들어가는 문은 감사입니다

동장군이 불쑥 찾아왔습니다
난로만 있으면 걱정 없지요
난로는 감사입니다

때로는 사고도 일어납니다
감사가 위로하는군요

하루를 마치고
편안한 잠자리에 드는 방법도
감사네요

감사는
행복으로 들어가는 문입니다

고맙다

절망의 어둠
한파의 밤 비추는 십자가처럼
성탄 트리 반짝이듯
웅웅거리며 돌아가는 보일러가 고맙다

따뜻한 이불 속에서
넘긴 한 해 고맙다
한파 쫓을 자리 있어 고마웠다

한 그릇 밥이 있어 고맙고
아직 숨이 목에 턱 걸려 있어 고맙다

내게 생명 주시어 죽음이 두렵지 않음이
고맙고 고맙다

강원의 산山

산은
어머니가 사랑으로 빚으신 만두다

오르고 오르던 젊음,
중년 시절의 완숙한 기상,
노년 시절의 성숙한 양보가 있다

호령하던 호걸
옛이야기 새겨져 있다

오십이 넘어

폭염, 그 아쉬운 아픔

왜, 젊음은 눈물 나는 걸까

방 안에 가득 메운 풀벌레 소리 여름을 붙들고 있는데
열병과 같았던 청춘

폭염, 가시지 않은 것이 고맙다
이제, 불볕더위가 고맙다

나의 여름은 지났지만,
내 허리에 남아있는 폭염 고맙다

가령폭포*

숲속에 하늘로부터 내려온 길이 있다
그 길 따라 선녀가 내려온 비밀

용오름이 거꾸로 서 있기 때문이다
하늘에서 지상으로
용이 내려온다

용이 물고 온 여의주에
발 담그면 20년은 젊어진다
하늘에서 내려온 한국의 미美가 여기 있다

* 홍천5경.

소풍

된 더위 지나
갈 바람 찾아오니
모임에서 소풍을 가잔다

차창 밖 녹음이 싱그러움을 노래한다

시간아, 잘 놀다 간다

여유로운 휴식을 싣고
관광버스는 가을로 향한다

가을 휴식

단풍으로 물든 오후
청평호 가르며 달리는 유람선에서
머리에 생기를 얻는다

가끔 이렇게 자연 속으로 빠져들면
답답한 마음 활력을 얻고
창조주의 솜씨
영혼 속에 새겨진다

이렇게 또, 한 해가 저물어 가는구나

백 년의 반토막

친구 만나러 시외버스를 탄다
차창 밖으로 주마등처럼 지나는 시간들
참으로 빠르다
차창을 때리는 눈발들처럼 우여곡절로 지나고
터널들은 잠깐의 고비,
성애로 뿌연 창밖처럼 인생은 안개 속에 있었다
쭉쭉 뻗은 도로 같은 내 인생이 아니었다

버스의 속도는 쏜살 같다
다만 내 인생은 시간뿐,
덜커덕덜커덕 요란했던

여유

늦은 겨울밤
시, 음악, 차 한 잔

문학소녀의 치열한 문장
칼날처럼 가슴에 박힐 때
영혼은 박수로 환호한다

그는 나의 선생이다
잔잔한 안식이 있다

추억 정리

간밤에 꽃샘추위 안고 눈이 내리다

꾸역꾸역 흐르는 세월
어릴 적 아버지 손잡고 서울 갈 적에
원주에 정차하여
우동 한 그릇 몇 분만에 비워낸
기억 따뜻하다

사진첩 속 어렴풋한 기억의 아버지 모습은
어머니의 만둣국이 그리워 단골인
노모의 초라한 식당에서의 나다

이제 나는,
누군가에게 인생을 가르쳐준다면
그의 제자가 되고픈
오십 중반의 학생이다

학교를 파하고 떡볶이집 들르던 즐거움

소소한 기쁨을 맛보는 추억의 사진

뛰
어
오
고
있
다

정초에

가파른 산에 오른다

쉽지 않다

많은 눈 내려 미끄러운 산길을 내려갈 땐
더욱 조심해야지

혼자 가는 인생이지만,
함께 오르니 좋다
멀리 함께 가자

밥값은 내가

영감靈感

할아버지!

하늘을 맴돌다
내게로 들어왔으면

로또 맞은 듯
1%의 영감이
99% 노력을 무시하고

신神의 숨결
인간이 생령 된 것처럼
휘갈겨 쓴 시詩가
꿈틀, 꿈틀거린다면

역지사지

하늘을 바라봅니다
구름, 낮달, 종달새
하늘에서 바라보면 어떨까요
강, 숲, 집, 길
서로
다른 것을 이야기합니다

우리는 함께 있습니다

내가 너를 이야기한다면
모든 게 이해되는

눈이 네 개

나의 방에는 창이 네 개 있다

안경의 도움을 받지만
다른 것을 보는 눈이다

색안경을 끼지 않았지만
마음으로 본다
마음의 창으로 하늘을 본다

나의 유리엔
하나님이 내린 봄비가
남쪽의 거대한 산불을 끄고 있다
창의 유리엔 그것이 보인다

창의 유리엔
아침에 산새가 사랑으로 살아가라고 노래한다
신의 은총이 햇살로 흩뿌려진다

돈키호테 되어

어떻게 살아야 할까?

고민할 때 당신을 껴안았습니다

사랑에 미숙한 소년

어쩔 줄 몰라

돈키호테가 되었습니다

미숙한 삼월이여

아, 청춘이여

물, 호흡

모든 육체의 고향 어머니의 양수
그 없이는 살 수 없는 생명의 영토

수면 위에서 운행하시는 영
호흡의 영
생명의 근원

폭포수 같은 은혜
나는 죽고 그리스도만

|해설|
지천명에 다시 부르는 사랑과 연민과 감사의 노래
－김국현의 시세계

남태식 | 시인

들어가며

  달이 아프게 비춘다
  그래서 청년 때 시詩를 멈췄다

  다시 시詩가 눈물을 마신다
  형광등 빛 아프다

  어느덧
  지천명이다.
                            －「아픈 시詩」 전문

늦다고 생각할 때가 가장 빠르다고 했던가요. 늦깎이라는 말이 사라져야 할 시대가 온 것 같습니다. 기대수명이 늘어나서 이제 중장년의 나이에 무언가를 시작한다는 것이 전혀 늦지 않게 되었습니다. 아니면 굳이 늦깎이라는 말을 계속 쓰자면 늦깎이의 나이를 늦춰 잡아야 하겠습니다만, 늦춰 잡는다고 생각하니 아이러니하게도 그건 또 아니지 싶습니다. 기대수명이 늘어났다고는 해도 "다시"라는 말을 쓸 수 있는 나이는 한정되어 보이기 때문입니다. 시인도 "지천명"의 나이에 시 쓰기를 다시 시작했다고 감회를 밝히고 있군요. 다시라는 말이 지금은 늦지 않을뿐더러 생각하기에 따라서는 충분하기도 하니 어쩌면 이 다시는 처음과 다름이 없어 보입니다.

　"달이 아프게 비춘다/그래서 청년 때 시詩를 멈췄다". 곰곰이 시를 읽다가 뒤늦게 알아차립니다. "다시 시詩가 눈물을 마신다/형광등 빛 아프다". "시를 멈췄"던 이유와 시를 다시 시작한 이유가 "아프다"라는 같은 정서로 이루어져 있습니다. 아파서 멈췄는데 아파서 다시 시를 쓰게 되었다? 하지만 곧 공감했습니다. 시인의 경우가 저와 같다고는 할 수 없을지라도, 저 역시 상처받는 걸 피해서 달아났다가 결국 원점으로 돌아와 상처를 치유 받은 경험이 있어서입니다. 어쩌면 지천명의 나이를 맞아서일 수도 있습니다. 하늘의 뜻을 안다는 것은 결국 사람과 사물을 제대로 본다는 것이고, 제대로 본다는 건 제대로 듣는다는 것이고, 곧 제대로 보고 들어야 제대로 느낄 수가 있으니, 지천명의 나이에 다시 쓰는 시인의 시는 깨달음에 이르는 정도正道라고 할 수도 있습니다.

이제 읽어 보시면 다들 아시겠지만 읽는 이에 따라서 느끼는 감상은 조금씩 다를 수도 있겠으나, 시인의 이번 시집에서의 시 중 읽히지 않는 시는 거의 없습니다. 일반적으로 이야기하는 난해한 시라면 해석을 전제로 한 해설로 독자들을 도울 수도 있겠으나 시에 대한 구구절절한 해석이 필요하지 않은, 난해하지 않은 시에 대하여 해설이라는 이름으로 글을 써야 한다는 건 조금 어색합니다. 하니 이 시집 끝자리쯤에 한 자리를 차지할 이 해설은 굳이 말하자면 해설이라기보다는 먼저 읽은 자로서의 소감이라고 보시면 좋겠습니다. 겹치는 부분이 일부 없지는 않지만, 시인이 3부로 나눠 배치한 시집의 각 부에서 저는 1부 「사랑하는 이를 만났을 때의 눈물」에서는 '사랑'을, 2부 「추웠을 때의 눈물」에서는 '연민'을, 그리고 3부 「따뜻했을 때의 눈물」에서는 '감사'를 시인의 지배적인 정서로 읽었습니다.

생명의 길 사랑의 길

샛별을 좇는다
오늘도 내일도
내 첫사랑은 새벽별이었다

모든 것이 새로워진 공기, 호흡이다
외로이 걷는 길에서도 꿈을 꾼다

정상적으로 미쳐 있다

사랑하지 않는다면
오직 사랑에 이끌려 간다

새벽별을 사랑하는 이가,
오늘도 골방에서 새벽을 맞이한
골방은 사랑이 가득하다

별이 쏟아진다
별이 연애하며
오늘도 샛별을 좇는다

-「연애」전문

"내 첫사랑은 새벽별이었다." 새벽에 일어나는 시인의 마음은 누군가에게 닿으려는 마음과 이어져 있습니다.

"사랑하지 않는다면" "사랑에 이끌려 가"면 되지라고 눙치는 마음은 사랑하는 이에 대한 절대적인 신뢰에 바탕을 두고 있습니다. 시인이 "새벽별" "샛별"이라고 칭하는 시인의 "첫사랑"이자 현재까지도 「연애」하는 대상은 누구일까요. 어쩔 수 없이 시인이 시에서도 여러 번 언급하고 있는 절대자를 거론하지 않을 수 없습니다.

> 아무도 알아주지 않는
> 사랑에 빠져 달려가는 길
> 그 사랑에 이끌려 홀로 걷는 길
> 길을 걷다 꽃을 만나고 나비를 만나고 때론,
> 길고양이를 만나 대화를 나누는
> 절대자의 위로가 이끄는,
> 절대자 없이는 갈 수 없는,
> 빠지면 빠질수록
> 좋은 생명의 길
>
> —「길」 전문

하니 시인의 사랑은 "절대자"를 향해 있습니다. 시인이 가는 「길」은 "절대자의 위로가 이끄는" 길이자, "절대자 없이는 갈 수 없는" "생명의 길"입니다. 절대자를 향한 사랑을 앞에 내세우는 건 시인의 직분과 무관하지 않다는 생각에서입니다. 새벽부터 밤늦게까지 시인의 마음은 오직 절대자를 향해 있습니다. 사람과의 관계에 있어서도 거의 절대적이기는 하지만 사랑에 빠지는 순간부터 나는 그가 됩니다. 절대자에게는 "빠질" 수는 있어도 절대자가 될 수는 없겠지만, 마음이 온통 절대자를 향해 있는 시인의 마음은 곧 절대자의 마음이라고도 할 수 있습니다. 시에서 시인은 "절대자와의 연애 장소"(「골방」)를 거론하기도 합니다. 시인이 거론하는 「골방」은 "사랑이 가득한 공간"으로 "새벽을 맞이"하는 공간이기도 합니다. 절대자를 생각하고 그리며 절대자를 향한 기도로 하루를 시작하는 시인의 마음에는 이미 사랑이 가득 차 있습니다.

어떤 사랑이든 그 사랑이 절절해지면 그 사랑이 관계하는 세상의 모든 것들이 따라 절절해지고 아름다워집니다. 시에서 보건대 시인도 역시 그러합니다. 하니 절대자를 향한 사랑은 이제 골방을 벗어나 세상을 향합니다. 시인이 바라보는 세상은 전부 절대자의 사랑이 깃든 세상입니다. 그 대상이 누구이든 무엇이든 절대자의 사랑이 깃들어 있다면 시인은 찾아가 그를 껴안고 사랑하고 노래합니다. 절대자를 향한 사랑의 노래가 절절했듯이 이 노래 역시 절절합니다.

    세상에는 갖가지 모양의 꽃이 있지
    그대는 꽃 중의 꽃
    손 쓰는 것도 힘들고

걷는 것도 어렵고
말하는 것이 하나의 사치일지라도
아름다운 꽃 중에 하나

'천사들의 합창'

어린 아기로 태어나
어린 아기로 성장한
어린 아기이어도
아름다운 꽃 중에 꽃
― 「뇌병변 장애 아이를 보며」 전문

그렇지요. 우리 모두는 하나의 "꽃"이고, 장애아도 물론입니다. 하지만 범부凡夫의 머리와 가슴이 자주 어긋나는 건 어떠한 차별도 없이 세상을 바라보는 시선이 누구에게나 그냥 주어진 시선은 아니기 때문입니다. 이런 시선을 가지려면 대부분은 어느 정도의 훈련이 필요합니다. 하니 「뇌병변 장애 아이를 보며」에서 그 아이를 꽃으로 노래하는 시인의 시선은 이미 평범을 넘어섰습니다. 절대자를 향한 사랑과 이어져 있기에 자연스럽게 나오는 노래가 아닐 수가 없습니다.

이 시선을 저는 이어지는 꽃을 향한 시인의 시선에서도 느낍니다. "나의 봄"은 "얼마나 남았을까"(「팬지」) 하고 혼잣소리로 묻기도 하고, "당신을 닮"아서 "천리에"까지 "님의 향기"를 "전하고 싶"(「서향 꽃」)다기도 하고, "매운 겨우내 기다렸던 당신을 노란 미소로 맞이하"기 위해 "봄맞이 청소를 해야겠"(「삼지닥나무꽃」)다기도 하고, "봄을 몰고 오는" "모습에"서 "신뢰가 무엇인지를"(「명자나무꽃」) 배운다기도 하고, "나는 당신이란 봄에 놀"란다면서 "언제나 봄이 되어/내 곁에 있어"(「크로커스」) 달라기도 하는 시인의 꽃을 향한 노래는, "나무에" "심장"(「동백꽃」)을 피워 놓고 부르는 절대자를 향한 사랑의 노래로 저는 꽃을 빌려서 하는 시인의 절대자를 향한 고백으로 읽습니다.

너의 아픔도 내 아픔

한쪽 팔에 우산을 걸고
바람 따라 걷는 길
작고 누런 잎들이
수다 떨며 떨어진다

눈물 대신 비가 내리면
나뭇잎은 세상의 슬픔
조용히 안아준다
울보 나무, 그 이름처럼
모두의 상처를 품고
여기 서 있다

〉
가끔은 조용히 소리 내어
바람에 속삭인다
"너의 아픔도 내 아픔이야
세상이 힘들다면
함께 울어 줄게"

길을 지나치는 사람들
눈을 감고 느끼는 순간
연결된 우리 모두의 마음

울보 나무는 오늘
사랑과 그리움, 슬픔을
둥글게 감싸 안고
서로를 잇는 다리가 된다

가슴속 깊이마다
연민이 흐르고
세상을 공감하며

-「울보 나무·2」 전문

 이 글의 서두에 옮긴 시 「아픈 시詩」에서 시인은 아파서 시를 멈췄다가 아파서 다시 시를 쓰게 되었다고 했습니다. 이 시집의 표제작인 「울보 나무」 연작을 비롯한 많은 시에는 '아프다'라고 하는 시인의 정서가 짙게 배어 있습니다.

왜 아팠을까요. 그리고 지금은 왜 또 아플까요. "너의 아픔도 내 아픔이야/세상이 힘들다면/함께 울어 줄게.". "시린 바람이 불면/내 마음속 또 다른 나무/너와 함께 울음 나누며/오랜 희망의 씨앗 심으리"(「울보 나무·3」). "바람에 속삭"이듯 하는 이들 고백은 다른 누구도 아닌 시인이 자기 자신에게 하는 다짐으로 보이기도 하는데, 곧 연민의 정서로 공감의 정서입니다.

"손수레보다 세 배나 큰 폐휴지를 이고 가는 노인"(「울보 나무·5」)에게 가 닿기도 하고, "항상 열심히 살던,/다재다능하던,/삶에 진지하던," "나의 친구"(「아픔을 함께하며」)에게 달려가기도 하고, "부모님을 떠올리"(「슬픈 어버이날」)기도 하고, "격투기 선수처럼 내리꽂는 비에" "두드려 맞"아 "만신창이 된 도심"의 "멍 자국"(「기후 위기」)을 응시하기도 하고, "혹독한 한파가 몰아친 밤/열병에 경기하며 쓰러진 어린아이"를 안고 "응급실"로 "달려간 아버지"(「한파 중에」)에 이르기도 하는 이 연민과 공감의 정서는 세상의 모든 것에 아파합니다. 마침내 아파하는 것을 넘어 "오십 중반"의 나이에도 불구하고 "하염없이 꺼이꺼이"(「울보 나무·1」) 울기까지 합니다. 세상 모든 아픔을 눈물로 채우는 이 울음은 더 깊은 울음을 다 울고 나서야 비로소 감사로 터집니다. 그리고 "나도 따라 웃으리라/한

세월 잘 살았노라고" "이웃들과 따뜻했다고"(「떠나가기 위한 기도」), "하여간 좋다/살아있는 게 좋다"(「그래도 좋다」)는 기도로 터집니다.

비로소 부르는 감사의 노래

아침에 일어나니
저 너머 행복이 부르는군요
들어가는 문은 감사입니다

동장군이 불쑥 찾아왔습니다
난로만 있으면 걱정 없지요
난로는 감사입니다

때로는 사고도 일어납니다
감사가 위로하는군요

하루를 마치고
편안한 잠자리에 드는 방법도
감사네요

감사는
행복으로 들어가는 문입니다

-「감사」 전문

"어떤 처지에서든지 감사"(『공동번역성서』데살로니카Ⅰ 5:18)하라고 합니다. 감사는 가진 것들을 가진 그대로 받아들이는 만족감에서 비롯합니다. 만족을 '모자람이 없이 충분하고 넉넉함'이라고 풀이하지만, 이것은 이렇게 받아들이는 마음의 상태이지 평가는 아닙니다. 하니 감사는 이익의 여부와 관계가 없으며, 감사의 자리에 이익과 불의가 차지할 자리는 없습니다. 불의로 얻은 이익에 절대자를 들먹이며 감사하는 태도가 횡행해서 하는 말입니다. 시인의 표현에 따르자면 "감사는/행복으로 들어가는 문"이기도 합니다. 하니 감사는 승패와도 관계가 없습니다. 이김이 반드시 "행복으로 들어가는 문"을 열어주지 않는다는 걸 우리는 경험으로 압니다. "동장군이 불쑥 찾아"와도 "사고"가 "일어나도" 시인은 감사하다고 합니다. 하니 감사는 안락과도 불가분의 관계에 있지 않습니다. 되려 시인은 "가시지 않은" "폭염"마저 "고맙다"(「오십이 넘어」)고 하니, 처지를 따지지 않고 맞닥뜨리는 고난에마저도 감사하는 마음이야말로 진정하고 온전한 감사일 것입니다.

> 절망의 어둠
> 한파의 밤 비추는 십자가처럼
> 성탄 트리 반짝이듯
> 웅웅거리며 돌아가는 보일러가 고맙다
> 〉

따뜻한 이불 속에서
넘긴 한 해 고맙다
한파 쫓을 자리 있어 고마웠다

한 그릇 밥이 있어 고맙고
아직 숨이 목에 턱 걸려 있어 고맙다

내게 생명 주시어 죽음이 두렵지 않음이
고맙고 고맙다

-「고맙다」 전문

시인의 시에서 우리는 이 진정하고 온전한 감사를 만납니다. "한 그릇 밥이 있어" "아직 숨이 목에 턱 걸려 있어" "내게 생명 주시어 죽음이 두렵지 않음이" "고맙고 고맙다" 연신 외치는 이 절대자를 향한 감사는 역시 골방 안에만 머물러 있지 않으며, 나의 모두와 모든 세상을 향하여 열려 있습니다.

이 처지가 어떠하든 감사하는 마음이 넘쳐서일까요. "마음으로" "마음의 창으로 하늘을"(「눈이 네 개」) 보아서일까요. 시인은 이어지는 시에서 "신神의 숨결"(「영감靈感」)로 바라보는 세상 모두가 아름답다며, "햇살로 흩뿌려"지는 "신의 은총"(「눈이 네 개」)과 "폭포수 같은 은혜"(「물, 호흡」)를 찬미합니다. 타고난 천성일 수도 있겠으나 이러

한 심성을 시인이 늘 가지고 살아가며 노래할 수 있는 건 앞에서도 거론한 것처럼 역시나 시인의 직분과 관계가 있어 보입니다.

나가며

이 시집에 실린 시가 사랑과 연민과 감사의 노래로만 전부 채워져 있는 건 아니지만 일단은 저는 제가 느낀 대로 이야기를 풀었습니다. 하지만 읽는 이에 따라서 시를 보는 시선은 달라질 수도 있고, 가슴을 울리는 시 역시 다를 수도 있습니다. 각자는 각자의 처지에서 시를 읽을 수밖에 없기 때문입니다. 시인은 "나의 시는 백지입니다//나의 시는 천둥도 없고/태양도 없고 꽃도 없"다며 "있다면 점 하나"(「나의 시詩」)라고 겸손하게 고백하지만, 제가 보건대 이제 시인의 시는 "백지"가 아니며, "점 하나"만도 아닙니다. 시인의 시에는 "천둥도" "태양도" "꽃도" 있습니다.

마지막으로 먼 길을 돌아서 온 시인의 소망이겠지만, 저의 소망이자, 시인의 시를 읽는 모든 이의 소망이 될 수도 있는 시 한 편을 더 읽겠습니다. 시인은 「너를 위하여」 "너"에게 바라는 소망을 이야기하는 모양새를 취하고 있지만, 설사 이 소망이 정말 너에게 바라는 소망일지라도,

시인의 시를 다 읽은 지금의 저의 심정으로는 이건 시인의 엄한 결의처럼 들립니다. 누군가나 무언가에게 "따스한 햇살" "따뜻한 커피 한 잔" "뜨듯한 국밥 한 그릇" "알맞은 안경" "말동무" "안식처"가 "되면 좋겠다"는 소망은 되고 싶다는, 되겠다는 시인의 결의이기도 합니다. 범부凡夫의 사고로는 쉽게 이루어낼 수 있을 것 같지 않아 보이는 이 소망은 심지어 들여다볼수록 정말 더 이루기 어려운 소망으로까지 생각되지만, 절대자를 향한 신뢰로 사랑과 연민과 감사로 넘치는 시인만은 반드시 이루어내리라고 생각됩니다. 이건 시를 읽는 동안 시인이 무작정 기다리기만 하는 사람이 아니라는 저의 판단이 쌓여 내린 결론입니다.

봄을 기다리는,
따스한 햇살 되면 좋겠다

추위에 떠는,
따뜻한 커피 한 잔 되면 좋겠다

허기진,
뜨듯한 국밥 한 그릇 되면 좋겠다

타고난 시력,
알맞은 안경 되면 좋겠다

〉
누군가를 기다리는,
말동무 되면 좋겠다

고달픈,
안식처 되면 좋겠다

-「너를 위하여」 전문